Der kleine Tiger braucht ein Fahrrad

Janosch, geboren 1931 in Zaborze, Oberschlesien, arbeitete in verschiedenen Berufen, ab 1953 als freier Künstler. Er lebt und arbeitet auf einer einsamen Insel.
Seine Kinder- und Bilderbücher erscheinen bei Beltz & Gelberg und weltweit in vielen Übersetzungen.

MINIMAX

Herausgegeben in Zusammenarbeit mit dem Moritz Verlag
von Markus Weber

www.beltz.de
Erstmals als MINIMAX bei Beltz & Gelberg im Februar 2011

Dieses Buch erschien erstmals 1992 im Diogenes Verlag
Neue Rechtschreibung
Gesamtherstellung: Beltz Druckpartner, Hemsbach
Printed in Germany
ISBN 978 3 407 76095 1
1 2 3 4 5 6 15 14 13 12 11

JANOSCH

Der kleine Tiger braucht ein Fahrrad

Die Geschichte, wie der kleine Tiger Rad fahren lernt

BELTZ
& Gelberg

Einmal sagte der kleine Tiger zum kleinen Bären:
»Soll ich dir mal etwas sagen? ICH BRAUCHE DRINGEND EIN FAHRRAD.«
»Wozu brauchst du dringend ein Fahrrad?«, fragte der kleine Bär, legte den Kochlöffel aus der Pfote, holte eine Zwiebel von oben und warf sie in den Suppentopf. Gemüse mit Bohnen.

»Erstens muss ich akrobatisch durch die Gegend kurven«, rief der kleine Tiger. »Zweitens muss ich in die Ferne schweifen und fremde Völker und Sitten erforschen. Und drittens muss ich meine Braut besuchen. Maja Papaya.«
Da rief der kleine Bär:
»Kommt nicht in die Tüte, Radfahren ist viel zu gefährlich. Du bist doch ein Tausendsassa. Du würdest durch die Straßen rasen wie eine wilde Spaghettinudel – und dann rrrr – kommt ein Auto von hinten, du schaust dich nicht um und schon bist du tot. Abgelehnt, mein lieber Tiger, abgelehnt. Kein Fahrrad und basta aus.«
Ab sofort hatte der kleine Tiger keine Lust mehr, zu essen, und am liebsten hatte er auch keine Lust mehr, zu leben.
Da ging der kleine Bär zum großen dicken Waldbär in seine alte Bude und sagte:
»Der kleine Tiger will ein Fahrrad. Ich sage, das kommt nicht in die Tüte, denn das ist viel zu gefährlich. Und was sagst du?«

»Und ich sage: Es kommt in die Tüte«, brummte der große dicke Waldbär, »weil ein Tiger braucht dringend ein Fahrrad. Er muss erstens akrobatisch durch die Gegend kurven. Zweitens muss er fremde Völker und Sitten erforschen. Und vielleicht hat er auch eine Braut. Die muss er besuchen. Und wenn er nicht vorsichtig fährt – Fahrrad weggeschlossen, Sense, aus. So geht das.«

Also legten sie ihr Geld zusammen: der kleine Bär sein Geld, der große dicke Waldbär und die gute Tante Gans ihr Geld, und fuhren mit dem Boot in die Stadt, um ein Fahrrad zu kaufen.

EIN FAHRRAD FÜR DEN KLEINEN TIGER.

Der Fahrradhändler sagte: »Da empfehle ich Ihnen ein TIGER-BIKEL. Ein Tiger-Bikel ist genau richtig für einen kleinen Tiger und ist die totale Sause. Es fährt nämlich prima leicht. Sogar mein Vetter Wolf hat ein Tiger-Bikel und fährt damit prima leicht. Welcher von den Herrschaften ist denn der kleine Tiger?«

»Er ist nicht anwesend«, sagte der kleine Bär, »er ist noch zu Haus, denn das soll ein Geschenk sein. Kann ihm auch nichts passieren? Er ist ja so ein wilder Hund und tobt herum wie eine tolle Hummel.«
»Aber nein, denn wenn er vorsichtig fährt, dann geht es. Nur muss er IMMER VORSICHTIG FAHREN. Kann er das wohl begreifen, oder ist er dumm?«
»Ja«, sagte der kleine Bär, »er ist jeden Tag immer wieder ein wenig dumm. Doch dann ist er manchmal wieder nicht so dumm ... Ach, zeigen Sie uns doch einmal so ein Tiger-Bikel, Herr Verkäufer!«
Da zeigte ihnen der Fahrradverkäufer ein picobello Fahrrad, Marke Tiger-Bikel. »Ausgestattet mit allem Drum und Dran. Da fehlt aber nix, was die Polizei verlangt. Beleuchtung, Seitenstrahler, Rückleuchte und alles, was das Herz des Polizisten erfreut, im Preis inbegriffen ...«
»Hat es denn auch erstklassige, gute, zuverlässige Bremsen«, brummte der große dicke Waldbär. »Und zwar vorne und hinten? Und hinten mit Rücktritt? Weil wenn ein dummer Hase über die Straße rennt ...«

»Aber klar, selbstverständlich logisch, ja«,
rief der Verkäufer.
Da kauften sie das wunderbare Tiger-Bikel
mitsamt einem Tiger-Bikel-Fahrradhelm und
fuhren mit dem Boot zurück nach Haus.

»Mir gefällt am Fahrrad am besten die Glocke«, sagte der kleine Bär.
»Ich würde für mein Boot auch gern eine Glocke haben. Ich könnte damit meinen Gesang begleiten oder auch ein Konzert veranstalten. Klingel doch mal, Tante Gans!«
Die Tante Gans klingelte ein Lied und der kleine Bär brummte dazu den Gesang.

Ach, was für ein schöner Tag, ihr Leute,
was für ein wunderbar schöner Tag.

Sofort hatte der kleine Tiger wieder Lust zu leben und schwang sich auf den Sattel.
HELM AUFSETZEN NICHT VERGESSEN – TIGER!!

Sechs Mal fiel der Tiger um. Sechs Mal Kopf und Kragen nicht gebrochen, weil er den Helm aufhatte.
»NIE VERGESSEN, DEN HELM AUFZUSETZEN, TIGER!! Kannst du dir das merken?«
Klar kann er sich das merken, ein Tiger ist doch nicht immer dumm.

Dann aber fiel er nicht mehr um.
Konnte geradeaus fahren wie ein Meister.
Er lernte auch das Kurvenfahren und das Bremsen.
Er fuhr hundertmal rund um das Haus,
hundertmal den Weg hinauf und hinunter.
Und dann legte die Tante Gans eine Haarnadel auf die Erde und rief:

»Hier, Tiger! Auf den Millimeter haarnadelgenau kurz davor bremsen! Kannst du das?« Und ob er das konnte: krrrschschkrrt. Zack! Stand – mit dem Vorderrad – haarnadelscharfgenau – vor der Haarnadel. »Das ist wahre Kunst«, nickte der große dicke Waldbär, »echte, wahre, große Radfahrkunst ... fürwahr das.«

Als der kleine Tiger wie ein Meister fahren konnte, rief er: »Nun muss ich aber einen Ausflug machen und meine Braut besuchen, denn die Sehnsucht zerreißt mir das Herz.«
Seine Braut Maja Papaya mit dem blauen Zopf wohnte nämlich hinter dem Wald. Tochter des Oberförsters Pribamm. Auf dem Feldweg überholte der kleine Tiger Hans Hühnerdieb auf seiner alten Mühle mit einem Sack voll geraubter Hühner. Doch er ließ ihn heute noch einmal ungeschoren, er hatte jetzt keine Zeit für Ordnung und Gerechtigkeit.

»Warten Sie nur, das nächste Mal, Sie elender Halunke, werde ich Sie verfolgen.«

Maja Papaya mit dem blauen Zopf
aber schlief dort im Gras und der
Oberförster sägte vor dem Haus
Holz für seinen Ofen.

»Was hast du denn da für ein picobello Fahrrad, Tiger? Das ist doch wohl kein echtes Tiger-Bikel?«, rief Maja Papaya mit dem blauen Zopf.
»Darf ich dich schnell ein wenig küssen?«
»Echtes Tiger-Bikel«, sagte der kleine Tiger und die Liebe ging ihm auf die Knie.
Total weich.
»Und hier einen Tiger-Helm – irre, was? Passt haarnadelgenau zusammen.«

Und als der Oberförster sagte:
»Kannst du denn bremsen und Slalom fahren?«, und ein Streichholz auf die Erde legte, bremste der kleine Tiger – in voller Fahrt – n-krrrsch-zack streichholzhaarnadelscharfgenau vor dem Streichholz.
»Morgen Punkt Schlag acht hier vor dem Haus«, sagte der Oberförster, »dann fahren wir zusammen in die Stadt, und ich zeige euch, wie man dort richtig Fahrrad fährt.«

Punkt Schlag acht stand der kleine Tiger
vor dem Forsthaus und sie fuhren in dic Stadt.

Vorne Maja Papaya, dann der kleine Tiger,
hinten der Oberförster.

»Immer auf dem Fahrradweg fahren, wenn es einen gibt. Und immer einer hinter dem anderen, geradeaus wie auf einer Linie und nicht in Schlangenlinien. Denn wenn einer von hinten angerast kommt, euch überholen will und NICHT KLINGELT – dann gibt es –«

– und just genau da näherte sich schon von hinten mit einem Affentempo das Hündchen Bonzo Schmidtchen. Hat nicht geklingelt, und weil der kleine Tiger genau da nach hinten schauen wollte und einen kleinen Schlenker machte, gab es –

– eine Karambolage.
Lenker verdreht, eine Speiche verbogen und zwei Beulen auf dem Kopf des Hündchens Bonzo Schmidtchen. Weil er keinen Helm trug.
»Tut mir leid, Jungs und Mädels, war in Gedanken, bin auf dem Weg ins Café *Süßes Bienchen,* Hundekuchen mit Sahne schlabbern und heiße Mädels verehren. Aber wo fahrt ihr denn so hin? Kommt doch mit, ich lade euch ein! Wir machen eine akut wilde Sause los.«
Nun denn, der Oberförster bog den Lenker gerade, Bonzo Schmidtchen leistete den Hundeschwur:
»Nie wieder ohne Helm fahren, nie wieder überholen, ohne zu klingeln - und immer Vorsicht!«
Aber wie lange hält wohl so ein Hundeschwur, pff!

Nun fuhr Bonzo Schmidtchen voraus, die anderen hinter ihm her, und als sie an eine Kreuzung ohne Ampel kamen – mit einem Verkehrsschild VORFAHRT BEACHTEN, wo sie hätten anhalten müssen, hielt Bonzo Schmidtchen *nicht* an. Er fuhr dumm wie ein Hase drauflos, schaute nicht nach rechts oder links.

Überquerte die Straße – rrsch – ein Auto musste scharf bremsen, ein anderes fuhr auf und Bonzo Schmidtchen fiel vom Fahrrad.
Die Autos standen kreuz und quer, Riesenstau, Riesenkrawall – fast kam die Polizei –, aber Bonzo kam noch einmal davon, nur eine Beule mehr auf dem Kopf und die Pfote verstaucht.

»Wer eine Straße *ohne* Ampel überqueren muss«, sagte Herr Pribamm, »immer vor dem Vorfahrtsschild anhalten. Nach links und rechts schauen. Und erst, wenn man ganz sicher weiß, dass kein Auto kommt, hinüberfahren.«
»Kann ich mir merken«, sagte der kleine Tiger.
Und dann kamen sie an eine Kreuzung *mit* Ampel. Sie zeigte Rot für die Radfahrer, doch weil gerade kein Auto kam, rannte Bonzo schon wieder los. Hätte ihn Maja Papaya nicht am Gepäckträger festgehalten - denn genau da kam ein Auto mit einem Affenzahn, es hatte nämlich Grün -, wäre Bonzo schon tot.
»Wenn die Ampel Rot zeigt«, sagte Herr Pribamm, »niemals über die Straße gehen oder fahren. NIEMALS!«
»So dumm wie der Bonzo«, sagte der kleine Tiger, »möchte ich auch niemals sein. Das wäre lebensgefährlich, nicht wahr?«

Dann aber wurde das Fahren schwierig.
Es gab keinen Radweg mehr, sie mussten die ganze Strecke auf der Straße neben den Autos fahren und Oberförster Pribamm fuhr hinter ihnen her. Ganz rechts neben den Autos, dicht am Gehweg bis zur nächsten Kreuzung.
Dort mussten sie auf die andere Straßenseite.
»Anhalten und warten, bis für uns Grün ist«, sagte Pribamm. »Dann an der Fußgängerampel bei den Fußgängern wieder warten, bis sie Grün haben, und dann das Fahrrad über die Straße schieben.«
So wurde es gemacht.
Von da mussten sie hinter der Kreuzung in die Straße hineinfahren und dann die zweite Straße rechts hinein, dort ist das Café *Süßes Bienchen*.

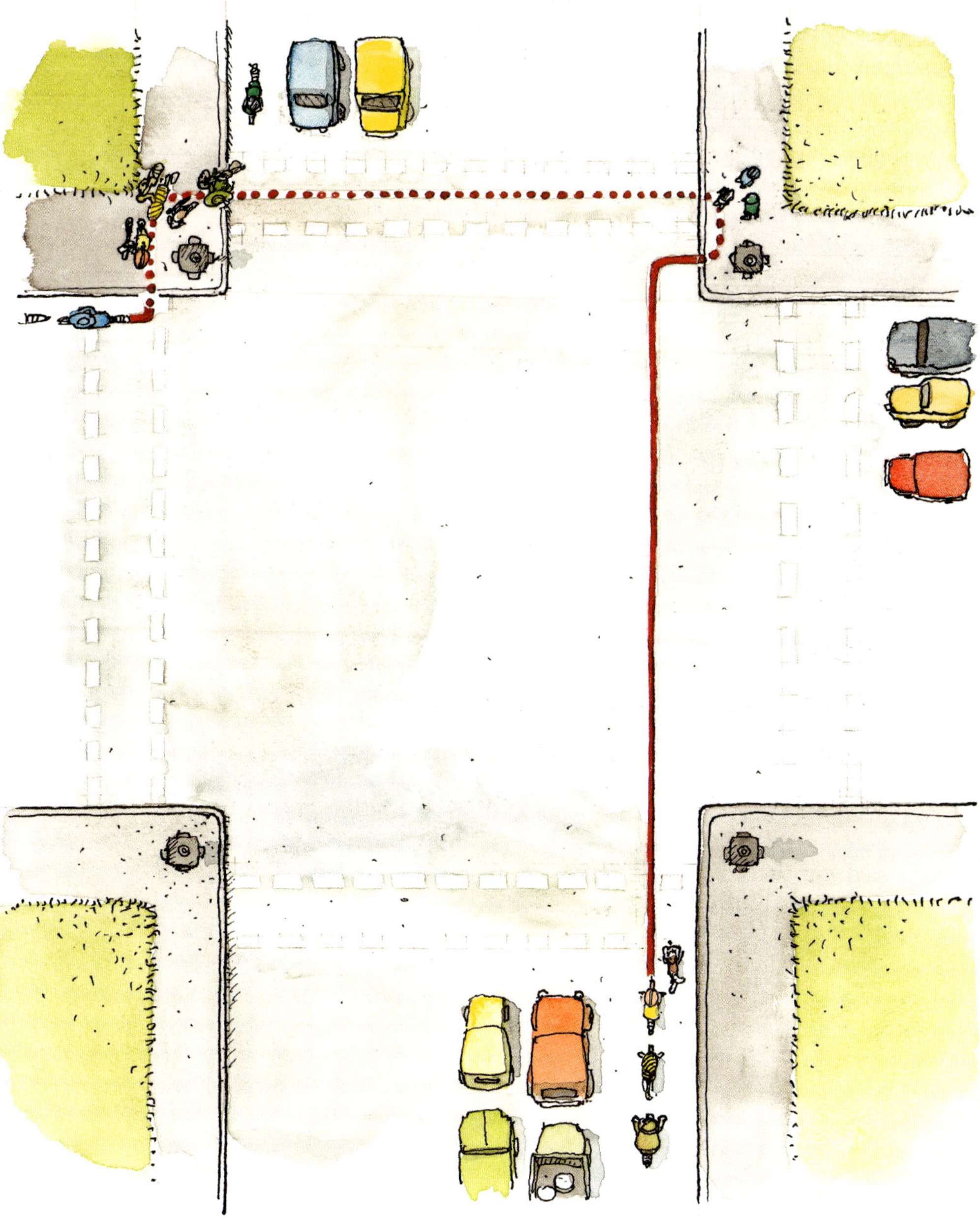

Herr Pribamm! Sie wissen wohl nicht, dass die Erwachsenen immer HINTER den Kleinen herfahren sollen, damit sie sehen können, ob die auch richtig fahren?
»Oh, Verzeihung. Ich vergaß es, dachte an den Wald und die Hasen.«
Und du, kleiner Blumenhund auf der Straße – geh weg von der Fahrbahn! Keiner darf mitten auf

der Straße stehen bleiben. Auch kein Blumenhund, verstanden?
Nur leider war diese Straße eine Einbahnstraße. Von dort her, wo sie standen, war es verboten, hineinzufahren. Also hielten sie an der Straßenecke an, stiegen ab und schoben die Fahrräder auf dem Gehweg bis zum Café *Süßes Bienchen*.

Das Café *Süßes Bienchen* war knüppeldickevoll besetzt, beinahe fanden sie keinen Tisch. Bonzo Schmidtchen bestellte sofort drei Hundekuchen mit doppelt Sahne und Erdbeeren. Der kleine Tiger bestellte eine Bananenmilch mit doppelt Mandelsplittern. Maja Papaya eine Erdbeertorte ohne und der Oberförster Pribamm Schinkenbrot mit doppelt Gewürzgürkchen.

Und als Bonzo Schmidtchen seinen Hundekuchen aufgeschlabbert hatte, ging er die Mädchen verehren. Nach Art der Hündchen. O je. Doch als er bezahlen sollte, hatte er sein Geld vergessen. Es steckte im Geldbeutel in der Hose: »Und die Hose vergaß ich anzuziehen. Tut mir leid ...«
Er machte sich schnell aus dem Staub –

– raste auf dem Bürgersteig ganz dicht an den Häusern entlang und Krrch zackbrammm – hatte er einen Mann, der aus der Haustür kam, umgefahren.
Wir wollen nicht wissen, was weiter geschah, denn Bonzo Schmidtchen ist uns zu dumm.
Man rast nicht auf dem Gehweg ganz dicht an den Häusern vorbei.

Kinder müssen wohl auf dem Bürgersteig fahren (wenn sie noch keine acht Jahre alt sind), aber dann so weit weg von den Häuserwänden, dass jederzeit jemand bequem aus der Haustür kommen kann.
Und IMMER haben die Fußgänger auf dem Bürgersteig Vorfahrt.
NIEMALS rasen oder alte Leute erschrecken.

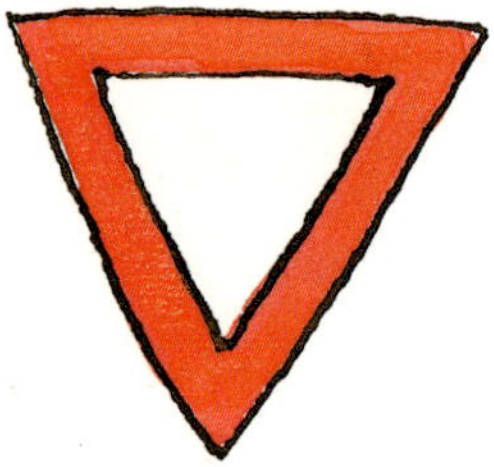

Vorfahrt gewähren (die anderen haben Vorfahrt)

IMMER anhalten und die Vorfahrt gewähren

Fahrradweg nur für Radfahrer

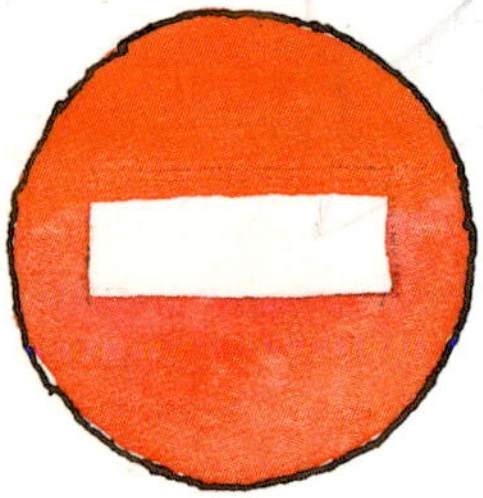

Einfahrt verboten (in dieser Richtung NICHT hineinfahren)

Nur in dieser Richtung befahren (Einbahnstraße)

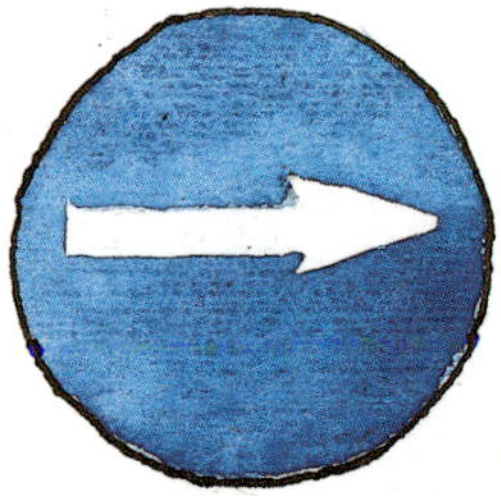

Hier nur rechts hineinfahren

Der Oberförster Pribamm hatte zum Glück Geld dabei und konnte im Café *Süßes Bienchen* alles bezahlen.
Und weil sie noch etwas Zeit hatten, zeichnete Herr Pribamm die wichtigsten Verkehrszeichen auf ein Blatt Papier. Auswendig lernen.

Nicht so dumm sein wie Bonzo Schmidtchen.
Auf dem Rückweg konnte der kleine Tiger schon vorausfahren.
»Der Tiger«, sagte der Oberförster Pribamm, »ist ein schlauer Bursche und ein großer Radfahrmeister. Respekt und Hut ab vor solchen echten Künstlern.«

Ab jetzt konnte der kleine Tiger seine Maja Papaya so oft besuchen, wie er wollte.
Einmal fuhren sie zusammen in die Stadt, nur leider verirrten sie sich.
»Nicht schlimm«, sagte Maja Papaya, denn sie hatte immer Telefoniergeld in der Werkzeugtasche.
Vater Pribamm angerufen, abgeholt.
»Und wenn du kein Geld hast«, sagte sie, »musst du dich bei einem Polizisten melden. Dann bringen sie dich nach Haus.«
Und was machte der Schlingel? Er fuhr in die Stadt und sagte zu einem Polizisten, er habe sich verirrt. Stimmte aber nicht.

Die Polizei fuhr ihn nach Haus, die Hasen
wunderten sich und der große dicke Waldbär
sagte:
»Das machst du nie wieder, du kleiner Schlingel,
hast du gehört?«
Na, aber ob er sich das merkt?

Einmal sagte Maja Papaya mit dem blauen Zopf: »Der Bär muss auch ein Fahrrad haben, denn ein Bär muss auch durch die Welt fahren.«

»Ach nein«, sagte der kleine Bär, »erst einmal brauche ich eine Klingel für mein Boot, ein Fahrrad erst im nächsten Jahr.«

Also kauften sie ihm eine Klingel für sein Boot und im nächsten Jahr bekommt er ein Fahrrad, Marke Bären-Bike. Wenn er Geburtstag hat nämlich.

In der Reihe

MINIMAX

liegen vor:

Martin Baltscheit
Die Geschichte vom Löwen…

Kate Banks · Georg Hallensleben
Augen zu, kleiner Tiger!

Jutta Bauer
Die Königin der Farben

Jutta Bauer · Kirsten Boie
Kein Tag für Juli
Juli, der Finder
Juli und das Monster
Juli und die Liebe
Juli tut Gutes
Juli wird Erster

Rotraut Susanne Berner
Das Abenteuer

Anthony Browne
Stimmen im Park

Chen Jianghong
Han Gan und das Wunderpferd

Chih-Yuan Chen
Gui-Gui, das kleine Entodil

Mireille d'Allancé
Auf meinen Papa ist Verlass
Robbi regt sich auf

Theodor Fontane · Nonny Hogrogian
Herr von Ribbeck auf Ribbeck

Helme Heine
Freunde (dt., engl., franz., türk.)
Na warte, sagte Schwarte
Der Rennwagen
Das schönste Ei der Welt

Satomi Ichikawa
Was macht ein Bär in Afrika?

Ernst Jandl · Norman Junge
fünfter sein

Janosch
Oh, wie schön ist Panama (dt., engl.)
Post für den Tiger (dt., engl.)
Komm, wir finden einen Schatz
Ich mach dich gesund, sagte der Bär (dt., engl.)
Guten Tag, kleines Schweinchen

Klaus Kordon · Peter Schimmel
Die Lisa

Pija Lindenbaum
Franziska und die Wölfe
Franziska und die Elchbrüder
Franziska und die dussligen Schafe

Leo Lionni
Alexander und die Aufziehmaus
Der Buchstabenbaum
Cornelius
Das gehört mir!
Fisch ist Fisch
Frederick
Matthias und sein Traum
Sechs Krähen
Swimmy

Gerda Muller
Was war hier bloß los?

Nadja
Blauer Hund

Ulf Nilsson · Anna-Clara Tidholm
Adieu, Herr Muffin

Christine Nöstlinger · Thomas Müller
Leon Pirat

Lorenz Pauli · Kathrin Schärer
mutig, mutig

Geoffroy de Pennart
Sophie macht Musik

Sergej Prokofjew · Frans Haacken
Peter und der Wolf

Mario Ramos
Ich bin der Schönste im ganzen Land!
Ich bin der Stärkste im ganzen Land!

Rafik Schami · Peter Knorr
Der Wunderkasten

Axel Scheffler · Jon Blake
He Duda

Axel Scheffler · Julia Donaldson
Mein Haus ist zu eng und zu klein
Riese Rick macht sich schick

Axel Scheffler · Phyllis Root
Sam und das Meer

Marian De Smet · Marja Meijer
Abgeschlossen

Monika Spang · Sonja Bougaeva
Das große Gähnen

Anaïs Vaugelade
Lorenz ganz allein
Steinsuppe

Max Velthuijs
»Was ist das?«, fragt der Frosch

Dolf Verroen · Wolf Erlbruch
Der Bär auf dem Spielplatz

Philip Waechter
Rosi in der Geisterbahn

Philip Waechter · Kirsten Boie
Was war zuerst da?

Chris Wormell
Zwei Frösche, ein Stock und ein Hund…

Ed Young
7 blinde Mäuse